Paul Konrad Kurz
Noch atmet die Erde

Paul Konrad Kurz

Noch atmet
die Erde

Gedichte

Mit sieben Zeichnungen von
Roland Peter Litzenburger

Verlag Butzon & Bercker Kevelaer

Mitglied der »verlagsgruppe engagement«

Für Rosemarie

CIP-Kurztitelaufnahme der Deutschen Bibliothek

Kurz, Paul Konrad:
Noch atmet die Erde: Gedichte / Paul Konrad Kurz. Mit 7 Zeichn. von Roland Peter Litzenburger. – Kevelaer: Butzon und Bercker, 1987.
ISBN 3-7666-9524-X

ISBN 3-7666-9524-X

© 1987 Verlag Butzon & Bercker D-4178 Kevelaer 1.
Alle Rechte vorbehalten.
Umschlaggestaltung: Meussen / Künert, Essen.
Titelbild: Roland Peter Litzenburger.
Herstellung: Bercker Graphischer Betrieb GmbH Kevelaer.

INHALT

Die Worte, die ich spreche   7

  I Geboren werden   9
  II Noch atmet die Erde   29
  III Katastrophenberichte statistisch   39
  IV Von Tranquilizern keine Spur   53
  V Pyrmonter Osterglossen   69
  VI Du Minderheit von Anbeginn   77
  VII Wer ist dein Gott   99
  VIII Die Liebe ist ein Hemd aus Feuer
      Pyrmonter Gesang   115
  IX Griechisches Licht   131

Ich suche das Wort   143

Nachbemerkung   144

Die Worte, die ich spreche

Die Worte, die ich spreche
die Worte, die ich nicht spreche
die Worte, die ich höre
die Worte, die ich nicht höre
die Worte, die ich nähre
die Worte, die ich nicht nähre

Die Worte, die mich kauen
die Worte, die mich ätzen
die Worte, die mich auslassen
die Worte, die mich veranlassen
die Worte, die sich auf mich verlassen
die Worte, die ich verließ

teilen meine Haut
streiten um meine Zunge
zählen meine Zeit.

I
Geboren werden

Dorfbub

„Die Welt ist groß,
und unser Dorf ist klein." –
„Die Welt, mein Bub, hat keinen Schoß.
Sie kann nicht Mutter sein.
Die Welt ist wie ein Stier.

Hier weißt du, wo die Weiden stehn.
Du kennst die Kühe und den Bach.
Und wenn die Winde über'n Acker gehn,
gehst du dem Pfluge nach
im Herbst und summst ein Lied.

Holunderstrauch und Apfelbaum sind klug.
Sie kennen deinen Schritt.
Die Pappeln, die der Sturm zerschlug,
sie zittern leise mit.
Du weißt, die Erde tröstet.

Die Welt ist Schein,
und unser Dorf ist wahr.
Der Abend weidet sanft am Ackerrain.
Dem Frühling wächst der Sommer wunderbar.
Und jeder Herbst ist selig."

Frühe fünfziger Jahre

Schlimme Frage

„Mutter, Mutter, was ist Wahnsinn?"

„Wahnsinn ist ein Wölklein im Blauen,
wollig, zart wie ein junges Lamm,
Hemd, das Gräser und Sterne betauen,
ein fremdes Lächeln mit silbernem Kamm.

Manche fürchten's. Sie fürchten den Schleier,
seidene Augen, das Sternbild, den Traum.
Die Wolke schlägt wie ein Sänger die Leier
von drüben und wächst wie ein junger Baum.

Weißt du, es ist eine Heimat droben,
über den Häusern von Menschen gebaut.
Leise wird man hinauf gehoben.
Das Wölklein, Kind, kommt wie eine Braut."

Frühe fünfziger Jahre

Keiner kenne

Salz aus den Haaren, eh du zurückkehrst,
aus hungrigen Augen die Böen, den Wind,
strähle die klebrigen Schuppen der Fische.
Kiementotes ätze mit Witzen.
Konservenöffner, Kocher, die Kiste
zeige den Umsatz gemeiner Verbraucher.
Die Wächter lassen sich täuschen.

Schilt ihnen das Wetter.
Verwünsche die Fahrpreiserhöhung der Tram.
Schlendre zur Halle.
Der Stechuhr die Karte.
Wirf ihrem Moloch den Stromkreis ins Maul.
Prüfe die Zähler und achte auf seine Verdauung.
Keiner kenne die Eingeweide des Wärters.

                                          Mittlere fünfziger Jahre

An eine Knospe

Für RM

Hingebreitet auf die Erde,
Leopardenfell,
spanne ich die große Trommel,
spann ich meine grauen Ohren
über deinen Quell.

Will die Wasser hören,
wie er steigt, dein Wurzelgrund.
Sag mir Scheues, sag mir, Knospe,
lang, wie lang noch schläft dein Mund?

Muß ich meine Worte hüten,
bis du deinen Herzgrund treibst?
O mein Unbewehrtes, Scheues,
wirst du kommen? Und du bleibst?

1959

Abschied

Gib mir die Hand.
Ich muß jetzt gehn.
Und deine Augen
bis zum Wiedersehn.
Ihr stilles Licht
wird mich bewahren.

Ich lasse Asche hier.
Und ein paar Worte,
die an deinem Tisch geboren,
werden leise in der Ecke wohnen,
wie eine Katze,
wie ein treues Tier.

Leb wohl. Die Liebenden
sind nie verloren.

1955

Homo saltans

Sprenge, sprenge den Panzer.
Sei der Tänzer, das Kind.
Nimm die Harlekinsrobe.
Tanz unter Sternen dem Wind.

Lächle in der Manege.
Spiele Flöte und Ball.
Spring den Salto mortale.
Tröste die Tiere im Stall.

Wirf sie, wirble die Bälle.
Schleudre Turban und Fes.
Gartentisch. Trocadéro.
Gäste: Maitressen und Nées.

Trampe über die Erde.
Gib der Maske dich ganz.
Mitternachts vor der Mauer
rufe zur Klage den Tanz.

      1958 (Paris)

Porträtskizze für Iks

Iks sollte ein Bulle sein,
Catcher im Zirkus, CD, Diplomat,
Rückgrat, Gedärme, ledern, aus Eisen,
samstags Journalen faschierter Spinat.

Iks sollte bei Wölfen wohnen,
heulen können und schlafen im finsteren Wald,
Rotkäppchen vor Bösem warnen,
Lämmer weiden, versöhnt auf seinem Asphalt.

Iks sollte Hansjörg heißen,
Jonny, Jack, George, in jeder Gestalt
Trompete blasen, Tüten verteilen,
freundlich, wütend, kobalt-kalt.

Iks sollte jedermanns Schrank reparieren.
Dann möchte ihm beinahe nichts mehr passieren.
Er würde frigidaire funktionieren,
Enten, Gendarmen, Dementis einfrieren.

Iks schlüpfte näselnd unter die Narren,
schöbe Wolken, den Kälberkarren.
Die Wärter strichen ihn aus den Papieren.
Iks träumte Träume unter den Tieren.

Er buchstabierte den eigenen Namen,
schälte aus Masken und Rollen Hanns Glück,
pfiffe durch Zähne ein lästerndes Amen.
Ein Engel graulte sein grünes Genick.

                              Mittlere sechziger Jahre

DIESE ZEHEN
Pilze
Diese Füße
Pedale
Diese Hände
Halter

Diese Augen
Slalom-Augen
Dieser Parcours
verampelt
Dieses Hirn
nicht ich

Frühe sechziger Jahre

GEBOREN WERDEN
und
die eigene Geburt suchen
im ausrinnenden Fruchtwasser

und den Atem
das feuchte
zur Welt Kommen
der Seele

Auswurf in Windeln
immer wieder
bis zur letzten
Geburt

Für RM

ABER
das Scharnier
zwischen Leib
und Seele

Das Scharnier
zwischen Seele
und Leib
klemmt

Dann
muß Gott
es hören

Aber
er ist
kein Meister

    1983

Mit geschältem Hals

Dezemberpsalm

1

„Keinen verderben zu lassen
auch nicht sich selber
Jeden mit Glück zu erfüllen auch sich"
bestimmte Gutsein Shen Te
An welchen Orten
der ersten zweiten dritten Welt
suchen die Götter nicht glückliche Menschen

Nahmen wir nicht nach den Morgenchorälen Peachums
unsere Zukunft zweimal in die erhobenen Hände
hatten wir nicht wirklich alles
mitsamt der deutschen Teilung

2

Morgens als Lenz
aus türlosen Träumen erwachte
hing die Ikone über seinem Berliner Bett
sah er dem weisen Marxgesicht in die Augen
„Warst du alter Besserwisser
eigentlich glücklich?"

3

Mandeloperiert in einem Klinikbett
acht Tage vor Weihnachten
mit nichts beschäftigt

nicht einmal Nachrichten
Keine falsche Wärme
hat das Fieberthermometer getroffen
Hernach das Tablett

Wie auf einer Kitschpostkarte
über den nachtblauen Fichten diese gefiederte Röte
Jemandes „flaumenleichte Zeit der dunklen Frühe"
bewegt die Gänse zum Familien-Geleitzug
Ich habe den Rauhreif nicht erfunden
Die Fruchtbecher an den Filigranzweigen der Buche
nicht aufgehängt
niemandes Licht- oder Tonwellen als Ersatz
für Nachrichten bestellt

Durch das doppeltürige Fenster
über dem Starnberger See
zum Frühstück als Kassenpatient
plötzlich in der Sonne aufgehen
„Something's happening to my mind"

Auf diese Zunge
sobald die Tablette im Speichel geschmolzen
den Bissen eintunken
Als hätte einer
mit geschältem Hals und Messer
Definitionen bezwungen
Als käme
Contradol im Mund
Weihnachten
mit O-Tönen und sanften Berührungen
Ich werde meiner Frau und den Kindern
einen langen Brief schreiben

4

Aber auf Silvester zuhause
predigen die Schreiber
dieses Geschlecht
gleiche dem Goldhamster
Auf seiner rotierenden Trommel im Käfig
läuft er bis zur Erschöpfung

Und Shen Te schweigt
Lenz flüchtet übers Gebirge
Kannitverstan hat Hans-im-Glück begraben
Ihr
müßt alle wiederkommen
damit wir mit anderen Sätzen
Zungen Augen einander wecken
anschauen
und mit Maulwurfhänden
den armen Kaspar halten

1977

DER KANN REDEN
der schweigen
der so langsam
durch die Tür treten, daß sich
alle Augenpaare ihm zuwenden

Aber
nicht wissen
noch die Rede hören
noch durch ihre Tür treten
noch die Flecken verbergen

Oder
daß auf ihrer Haut
die Flecken ausbrechen
und die trockenen Brüste
sich nicht schämen müssen
und aufgerissene
Augen ihre Angst
vor weiteren Wünschen eingestehen

Für Franz Fassbind
1981

ÄLTER werden
es sich leisten konsequent
inkonsequent
zu den Verrückten gezählt
nicht mehr gezählt

ZU WERDEN

Für Franz Fassbind
1981

Wann

Wann
schwillt uns die rotbackige
Unschuld der Äpfel

Wann
brennt die Kerze ohne daß
wir sie liegen sehen im Supermarkt

Wann
werden wir barfuß gehen
wieder im Mairegen

auf grüngoldenen Ahornwegen
uns nachher sonnen im Licht
das fingrig
wärmt und streichelt

Wann
in der Lichthaut
gehäutet

Für meinen Vater
(gestorben am 13. November 1982)

II
Noch atmet die Erde

DEN BIRNBAUM BLÜHEN SEHEN
Die Bienen summen hören
Die Bank mit der einäugigen
Katze teilen

Vor dem Haus kein Asphalt
Hinter dem Haus kein Zaun
Aus keinem Fenster
verkaufte Töne

Kiesel mit Löwenzahn
Ein Weg für Schritte
Keiner wirft
einen Stein

Die Erde atmet

1984

Lied von den Bäumen

Weißt du
daß Bäume reden
miteinander sprechen
zu dir
wenn dein Bewußtsein
noch nicht betäubt ist

Spürst du
daß Bäume singen
mit Gräsern Lerchen Wind
und dir
wenn deine Lippen
noch singen können

Hörst du
daß Bäume klagen
an Fluß und Straße klagen
auch dir
wenn deine Ohren
noch nicht ertaubt sind

Siehst du
daß Bäume sterben
im Tal und auf den Bergen
vor dir
weil Erde Wasser Luft
durch dich vergiftet

1982

Dezemberwunsch

Oder wie früher der Bauer
am Ofen sitzen
den Gang der Welt
in Tierkreisbildern betrachten
während es draußen
lautlos schneit

und auf dem Tisch
die Katze in die aufgeschlagene
Zeitung pfotet
Händler draußen vergebens
ans Hoftor schlagen
weil auch die Frau
einfach atmet

1984

An Autoseen

An Autoseen saßen wir und lasen
Goethes Gedichte,
gedachten staunend
einer motorlosen Welt.

Wer hat das Wasser,
wer die Wolken,
wer die Luft vergällt?
Abgase machen uns ersticken.

Welche Saiten sollen wir greifen
auf liedlosem Grund?
Welcher Empfängnis
die Parkuhr geben?

An der Windschutzscheibe
bleibe die Zunge kleben,
wenn wir jemals vergessen
Geburten, die er gespürt.

Späte fünfziger Jahre

Hüte die Nächte

Nachts
verstummt das Ticken der Wanduhr,
singt der Mond die Träger schläfrig der Brücken,
öffnen sich Deiche.

Manchmal
wirst du von unaufrichtigem Wissen erlöst,
verrinnen die hastig erworbenen Schätze.
Ruhig fließt das Blut durch die Adern.
Der Lebensbaum steigt.
Es können die leiseren Lippen ihn spüren.

Tabletten
sind wie Beton. Wirf sie fort.
Die Pillendreher sollen daran sterben.
Aber nicht du.

Nachts
verstummt das Ticken der Wanduhr.
Manchmal wirst du von unaufrichtigem Wissen erlöst.
Tabletten sind wie Beton.
Wenn der Raum für Ebbe und Flut verbaut wird,
rächt sich das Meer.
Hüte die Nächte.

Späte fünfziger Jahre

Entsetzt starrt

I

Als wäre dir die schöne
Kugel aus der Hand geglitten

Als müßte sich uns die frucht-
bare Erde versagen

Als hinge vertrocknet
unsre Zunge an den Bäumen

Als wären wir
die schwätzenden Mörder

II

Wenig nützt den Gräsern
unser gespaltenes Gewissen

Täglich frißt der Asphalt
den blättrigen Morgen

Entsetzt starrt die Erde
auf das Monster Mensch

1984

Veränderung

Für Raimundo Panikkar

I

Die Indianer bewohnten
würziges Grasland

Die Beduinen fanden
Wasser in der Wüste

Den Fischern gehörte
das weite Meer

II

Dann schlugen
Pfähle in den Boden

zogen Grenzen
in den Sand

vermaßen das Meer
die TÄTER

Für jeden Besetzer
eine Parzelle

Für jeden Mörder
ein Vertrag

1986

III
Katastrophenberichte statistisch

Stimmen

Katastrophenberichte statistisch
Menschlichkeit in Vibrato
fürsorglich siebter Sinn

Dieses Ei schlürft Gedichte
diese Brille kuppelt Daten
diese Geduld säuft

Der Philosoph kamp-sicher
der Präsident siegfriedbar
der Quizmann monkelnd

Zum Beispiel Goethe
als Kleieleid Beethoven
kein Hambonner greint

Märzchen am Ostersonntag
der Samstag im Chanson
unser Lust-und-Schwund-Napf

Und die Freund-und-Feind-Nenner
und die abgeordneten Zorn- und Schmalz-Zungen
und das Zahnfleisch für Jargon

Michels Phonumen
Saubermanns ego sum-Töpfe
Mich michelt auch.

1968

Die andere Sprache

„Kaputte Typen"
sagte der Minister
„schreiben
für kaputte Typen"

Im Wildbad sitzend
an gedeckter Tafel
kennt nicht Kafka
den kaputten
nicht Heines Weltriß
durch die Brust des Dichters

HIER glänzen
alle Teller Kerzen
auf des Steuerzahlers Kosten
Herbstlaub leuchtet
durchs gerahmte Fenster

Kassandra
ein mieser Typ

     1983

Die Wohlfahrt der Kälte

die Kälte des Tisches
die Kälte der Tafel
die Kälte der Taste

die Kälte der Haube
die Kälte der Ziffer
die Kälte des Glases

die Kälte der Wände
die Kälte der Augen
die Kälte der Auskunft

die Kälte des Kittels
die Kälte der Akte
die Kälte des Falls

      Späte sechziger Jahre

STELL DIR VOR
du, dein Nachbar,
die fremden
Menschen im Wohlstand
begännen zu fasten

Im Supermarkt die Konserven
unbeachtet blieben sie liegen
Zurück gäbe der Bäcker
den giftgespritzten Weizen
Die Kälber zu schlachten
hörte der Schlächter auf

Stell dir vor
atmend entdeckten
Menschen ihre Seele
durch Fasten gesund
aus dem ganzen Leib
sich und dem Nächsten
wohltuend, freundlich
den Armen nahe

Für RM
1984

Ein Lehrer

Ein Lehrer trägt
saubere Hände
saubere Hosen
saubere Gedanken
Wenn sein Haar fettet
wäscht er es zweimal die Woche

Er bezahlt seine Miete regelmäßig
Er überzieht nicht sein Konto
Er gibt der Polizei bereitwillig Auskunft
Er weiß mit wem er umgeht
Er wird sich nicht nachts
in anrüchigen Vierteln herumtreiben
Wenn er den Wein nicht bezahlen kann
soll er ein bayerisches Bier trinken

Er muß wissen
daß in den Flur ein Feuerlöscher gehört
Turnschuhe zum Landschulheim
und für den Unterricht staatlich
genehmigte Bücher
Wo kämen wir hin, sagte der Minister,
wenn jeder seine eigene Meinung verträte

Über Drogen und Demo-Gesetze
weiß er Bescheid (nicht daß
er sie selbst ausprobiert hätte)
Er kennt die Tennisplätze von Sport-Scheck
und die Farben der Kirchturmfahne
Künftige Chaoten Verweigerer Versager
werden von ihm nicht gezeugt
Er soll am Ende der Sesamstraße
mit fröhlichen Kindern erscheinen

Er wird keine falschen Fragen provozieren
Er wird keine extremen Meinungen vertreten
Er wiegelt nicht auf
Er muß wissen wie
die Freiheit ins Grundgesetz paßt
und die Raketen zum Frieden
Er hat keine Angst vor der Zukunft

1983

Anfrage an die christlichen Ränge

1

Gesetzt
Herr Pfarrer
den Fall
daß wir
uns ernsthaft
verteidigen müssen

Wie viele
Atombomben
erlaubt
der Gute Hirt?

2

Gesetzt
Herr Abgeordneter
den Fall
daß wir
aus Sicherheitsgründen
drohen müssen

Wie viele
Atombomben
erlaubt
der Abgeordnete Jesus?

3

Gesetzt
Herr Bischof
den Fall

daß wir den Friedensgruß am Altar
und die Friedensrede vor Ort
nicht mehr länger trennen können

Wie viele
Atombomben
erlaubt
unser Vater im Himmel?

                       1983

Sie denken Raketen
Sie bauen Raketen
Sie drohen Raketen

Sie zählen die Köpfe
Sie stationieren
Sie besitzen den Boden

Die Gewählten
majorisieren das Land
Die Millionen

in Nachrichten gehandelt
wollen die Botschaft
nicht hören

Was soll den Betern
gelingen solange
sie schweigen

          1983

Was aber bleibt

Ein Jahr danach

1

Die WOLKE
am Himmel
strahlte

Die WERTE
vorübergehend
überhöht

Ein RESTRISIKO
bleibt
sagt der Minister

2

Und der Löwenzahn
blüht

Und der Strom
fließt
in die sauberen Häuser

Und belichtete
Bilder zeigen
grüne Wiesen

3

Der Ort T.
wie im Krieg der Ort A.

zuletzt die Stadt H.
Un-Orte der Menschen

Kindeskindern
wenn sie noch zeugen
ungelöscht
im Gedächtnis

Reden wir nicht
von der Aufwertung
der Wörter

Was bleibt stiften
nicht mehr
die Dichter

     April 1987

IV
Von Tranquilizern keine Spur

Hirte Engel
wenn Er käme
im Mantel oder
wie ein Weidenblatt
In seiner Augennähe
daß du selig würdest
berührt von Händen
Hungers satt

      1986

GEDANKEN, DIE SICH NICHT AUFMACHEN
Geburten, zu Hause
längst mit den Finanzen berechnet,
angemeldet auf der Station
wie früher beim Bäcker der Kuchen.

Die Geschäfte, gestern,
sagte am Bildschirm der Sprecher,
gingen vorzüglich. Botschaft:
Der höchste Umsatz des Jahres.

Was sagte, Worte liefernd,
uns Lukas über die Lage?
Wenn das alles nicht eintritt,
naht unsere Erlösung?
Das sagte er nicht.

Dem Sommer helfend der Herr
sprach von Mauer und Bäumen.
Wie Feigen schwillt
an Seinen Fingern die Zeit.

1959

Warum ruft Johannes?

Unwegsames wird überflogen.
Täler – bis auf den Restbestand des Schutzparks –
sind überbrückt,
die Brücken ausgebessert.
Was noch übrig bleibt zu tun,
wird eben im Büro berechnet.
Was will Johannes?
Ist er mit unseren Baggern unzufrieden?
Warum ruft er?

1959

ALLE JAHRE WIEDER
erinnern Schaufenster und Ansager
an den Mann im Stall
an die Frau im Stall
an das Kind,
dem einiges nicht geschenkt wurde
und anderes geschah,
das die Stadt nicht notierte
und später
eintrug in die Liste der Händler.

Was gedenken wir zu tun
mit dem Mann im Stall,
der kein Politiker wurde,
mit der Frau im Stall
die keine Dame wurde
mit dem Kind, das wartet,
uns zu widersprechen, auf Zähne,
wir, die an Flüchtlingsbildern
nicht Mangel leiden
und gekleidet sind
(und dafür arbeiten)
unter dem Schirm der Raketen rund
um die Nachrichtenuhr.

                         1967/77

Noch immer

Väter schon
und noch immer an Kinderlieder
gewöhnt das kleine Gefühl.
Wir, die nicht singen
und auf Sesseln wiegen
unsere Eingeweide,
kosen den Saphir,
zahlen
für die Eiaplatte Gold.

Aber nicht täuschen
lassen sich die Töne.

1960

Denn Er ist da

Und deine Freude ist hoch? –
So hoch wie der Tisch
(wegen der Gaben).
So hoch wie der Baum
(wegen der Lichter).
So hoch wie das Haus
(denn wir haben ein Dach).
So hoch wie der Himmel:
denn Er ist da.

Und der Sputnik
ist kein Mond.
Und die Raketen können
den Himmel nicht treffen,
ankratzen auch nur
seine unterste Rinde.
Goldäpfel sind Monde, Gebete.
Und wissend die Augen der Kinder.
Und ihre Rinden traf der Himmel,
der in die Kammern fiel:
denn Er ist da.

1960

Erwartung

Stall. Stumm.
Die Tiere sind klug.
Regenbogen
und Vogelflug.

Morgenröte
abends im Tau
badet geheimnisvoll
Friede und Frau.

Nacht. Das große
Zelt ist schwanger.
Bäume stehen,
Wächter am Anger.

1959

Das Bündel Gottes

Ein bißchen Fleisch.
Wie Menschenfleisch
und rohes Kinderfleisch.
Kaum anzufassen.
Die Augen noch geschlossen.
Die Brust zerbrechlich
und eingepackt in Schlaf.
Ein Nacktes.
Lämmernackt
und sperlingsnackt im Nest.
Ein Wurm zum Wickeln
für eine Mädchenmutter,
die kniet und wieder kniet
und ihre Sinne martert
und nicht begreifen kann
das Bündel Gottes.

1960

Höhlenbild

An keinem Abend
Morgen
Überfluß

Worte
nicht zuhauf

Im Trog der Tiere
der kleine
Atem des Menschen

Inwändiges
Staunen der Frau

Um Einlaß bittend
das Kind

1984

Mariens Sohn

Nichts von Schleim
und Blut verwundeten
Schenkeln sagt
die männliche Kirche

Wehen des Schoßes
Weiterung bis
zur Trennung pressend

Schmerz
in der Mutterhöhle
gar Lust
Bewahre

Als wäre schnurlos
gewachsen Mariens Sohn
geboren ohne
Narbe Nabel

1984

AN DER KRIPPE
verstehen Sie
wurde nicht fotografiert
wenig geredet
nichts verkauft
nicht einmal Gefühle

Kein Spielzeug
keine Neujahrsansprache
kein Präsident
keine Parfüms

Obere Stimmen
hinderten nicht
den Geruch von Mist
in der Nase
der stillenden Mutter

Der junge Vater
verschwitzt verlegen
aber nach Worten
kein Held

Später als sie
mit dem Geborenen lebten
erfuhren die Frager
Fremdes mehr

Von Engeln
als tranquilizern
keine Spur

1984

Sternstunde

Die Fahrt zu Königen ist weit
Noch heute ziehen alle Wege
in Autun hügelauf
Nur wer zu Fuß kommt
mißt die Steigung

Verwittert
über engen Häusern
Saint Lazare
Ohne Schwestern
wer denkt
an den erweckten Bruder

Eh der Pilger vordringt
zu den Königen
liest er den Steinmetznamen
Giselbertus
längst zu Staub
der Meister aus Burgund

Die Fürsten schlafen
oder träumen
Eine Decke
hüllt die müden Leiber
Dreifach die Borte Jeder
noch im Schlaf mit Krone

Der Jüngste dreht mit Seheraugen
sich auf die Seite
besucht von einem fernen
oder nahen Traum

Sanft berührt der Engel
die Hand des Träumers
Mitfühlend weiter
wissend zeigt er
energisch auf den Stern

Noch sieht der Angerührte nicht
Noch schlafen die Gefährten
Wie am Himmel eine Blume
blüht der Stern

1986

Erkennen

Eingelassen
im verhängten Raum
mit Worten Bilder suchend
bis vor Erregung
unsere Augen
springen

der Atem ausholt
daß die harsche
Haut sich öffnet
und Mund und Zungen
heiliges Staunen
uns in die Glieder
fahren

berührt von Geistern
wenn auf beiden Seiten
uns das *andere*
Auge den Vorhang
auftut

1986

V
Pyrmonter
Osterglossen

1

Wenn die Rede auf Träume kommt,
sagen die Kenner, sie seien
auf Sekunden vor dem Aufwachen begrenzt.

Wenn die Rede auf Hoffnung kommt,
erklären die Kenner, sie werde trotz allem
auf die befreite Vernunft gesetzt.

Wenn die Rede auf Gewalt kommt,
die täglichen Morde, beteuern die Kenner,
auch *sie* seien entsetzt.

Wenn die Rede auf Ursachen kommt,
ziehen alle Kenner
ihr Trumpf As aus dem Ärmel.

Kommt auf AUFERSTEHUNG die Rede,
behaupten die Kenner, DIESE KARTE
sei nicht im Spiel.

2

Ostern gilt im Kalender
als TERMIN für Auferstehung.
Danach wird er
mit den ausgeblasenen Eiern
in die Schachtel verpackt,
bis er wieder gebraucht wird.

3

An Ostern betet der Pfarrer
auch für die „kaputten Ehen".
Als wären sie Blechbüchsen.

Die Leute mögen
diese sauberen WEGWERFSÄTZE.

4

KEINE ANGST
malt BILD in Ostersonntag-Balken
auf die erste Seite:
UNSERE MARK BLEIBT HART.

Wenn das keine Botschaft ist.

5

„BOMBE in Luxus-Disco
auf Gran Canaria.
Vierzig Deutsche
in der Flammenhölle."

Jetzt wissen wir,
wo Ostern
nicht liegt.

6

Auf Seite fünf
kniet ein Mädchen
mit Schleife im Haar
vor einem Lämmchen
und hält dem Fotografen
die gelbe Rose hin.

Jetzt wird das Lamm
ein Osterlamm,
und das Mädchen
schon fast ein Bunnie.

Alle Bıldleser dürfen
naschen.

7

Auch das Kurorchester
beginnt pünktlich mit dem Choral.
Danach dürfen sich die Gäste wieder setzen.
Auf die slawische Ouvertüre
folgt das deutsche Potpourri.
Dann verspricht die Sonne,
daß sie bald erscheint.

Im zweiten Teil
beginnt der deutsche Gott zu trommeln.
Jetzt hat er sein Blasorchester,
und wir unser Ostern.

Allmählich freuen sich
die Musiker auf das Mittagessen.

8

Meine Tischnachbarin
hat gute Nachricht.
Ihre Tochter, sagt sie
mit leuchtenden Augen,
habe zum erstenmal auf ihrer Terrasse
gefrühstückt. Das Haus
in der Lüneburger Heide
lohne sich.

9

„Aber Jesus hat anders geredet."
„Ganz richtig", gnädige Frau.

Der hatte noch nicht gegen Bild
und Gesangbuchverse zu kämpfen.

10

„Sie komischer Vogel,
reimen sie mal ‚erstanden'."

Frisch aus deutschen – –
unser Osterei.

Legebatterien
blockieren den Reim.

11

Osterspaziergang

Männergespräch:
„Unser Benzin wird immer teurer."

Frauengespräch:
„Bei Nachbars haben sie eingebrochen."

Auch der Osterspaziergang
wird immer schwieriger.

12

Der Dekorateur im Kurhotel
hängte zwischen Palmkätzchen
piepsende Kücken
ins Fenster.

Eins wurde böse.
Es fiel herunter
und blieb tot liegen.

13

Schwierigkeiten mit Ostern

Die Kilometer
lassen das Andenken
nicht mehr in Gang kommen.

14

Kinderfrage

„Nicht,
Ostern ist
DURCH DIE MAUER?"

15

Wo bleibt das Politische?

Sie wissen, daß die deutschen
Herren Urlaub machen.
Und den Segen „urbi et orbi"
kennen Sie schon.

16

Ersatzpredigt

Wenn aber „die Rose der Sprengung
aufgeht, die Rose der Wurzel,
werdet ihr staunen,
Ihr Ludwigs allerorten

Ich muß noch zu den untersten
Blumen gelangen."

                        Ostern 1980

VI
Du Minderheit von Anbeginn

In jener Nacht
Dem Ölberg-Knecht

Durch das Wort
durch das Wissen
die Wahl
durch die Mauer
Verkäufer den Pfahl
geschah das Ungeheuere

    Wir waren nicht der Mann mit der Welten-Schulter
    Wir haben nicht die Fünftausend gespeist
    sind nicht im Leibrock herumgereist
    Wir sind nicht schuldlos gefallen

Durch das Fleisch
durch die Galle
die Fragen
durch Fieber
des unverlässigen
Blutes Versagen

    wichen wir aus hinterrücks in den Schlaf
    hingen Blei an unsere Lider
    trennten die Glieder
    vom Zweikampf darunter

Er wenn er ausweicht
Sinn wenn er gleitet
dem Zweifel vermacht
erbrechend die Klage
umstößt den Becher
Bund Ballung der Nacht

Durch Sein Wort
durch Sein Wissen
Seine Wahl
gegen die Mauer
Verkäufer den Pfahl
geschieht das Ungeheuere

    Frühe sechziger Jahre

Osterzeitung

1

Keine Reporter
Fotografien
bildschirmmächtige Nachricht
Early Bird noch nicht beschlossen
Kein akademischer Kommentar

Die Abendzeitung
blieb in der Gruppe
Emmaus-Läufer
liefen in den Saal zurück
Schwierige wie Thomas
hirnwusch der Eindruck
Atem berührte Atem
Finger Bein und Bild

Verändert von Beweisen
glaubten die Betroffenen
sprachen unter sich

2

Die Lyriker, sagt man,
haben Ostern verdorben
Mütter auch die mit Vorbestellungen
nicht mehr warten konnten
Vom Eise befreit wurden Kühlschränke
Märzenbecher und Iris
beschlagnahmen die Wohnung

Auch die Nonnen zupften am Weißbrot
spickten die wehrlosen Lämmer mit Fähnchen

Fußballnacken ostern Lederblümchen aus
Wir waren dabei
sagen wir am Dienstag

3

Die Mythenlehrer
bedienen mit Modellen den Vernunft-Salon
Adonis und Osiris hob der Glaube
zu Byblos auf den Thron
Auch zu Eleusis
steigerte der Ostermond Geburten

BILDreporter
liefern Schäfer am Parnaß
Und *Costa Brava*
verkauft die Zeitung

       Mittlere sechziger Jahre

SOGAR
der auferstandene
zeigte seine wunden
hände verletzt
die füße wehrlos
des mannes brust

Auch aus dem grab
kein meister
des statements
von der harten haut
der mann
ließ sich berühren

1987

Verweis

An Christi Himmelfahrt

„Ihr Männer und Frauen aus G."

I

Ein Loch in den Himmel
ein Loch in den Himmel
kannst du nicht bohren
kannst du nicht brüten
kannst du nicht beißen

Du bist keine Eichel
du bist keine Ente
du bist kein Iltis

II

Kein Sellerteller
weil keine Zeitung

Keine Aktien
weil keine Börse

Kein Kap Kennedy
und folglich
kein Countdown

Keine Wartesäle
mit Fahrplan
Zügen Auskunft

III

Mancher versuchte
ihn abzutreiben
mit Hilfe Galileis
auf Flügeln
der Vernunft

IV

In Adern
Eingeweiden
Rüsseln
Muscheln
Hirnen

seine Kreißkammer

unbelichtet
licht
allenthalben
nirgends

Der Flügellose
fuhr gen Himmel

Mittlere sechziger Jahre

Berühren

An Pfingsten

1

Deinen Atem
riechen
Deine Silben
hören
das weiße Licht
kommen heißen

Mundfeucht unter
verletzbarer Haut
Dein langsames
W<small>ORT</small>

2

Läufig, Gegen-
läufig die gespeicherten
Töne die linierten
Sätze die geschossenen
Bilder unser
verbrauchtes Ohr

3

Draußen
das wüsten-
getrocknete Wort
der wasser-
geschliffene Stein
der hunger-
leuchtende Morgen

Wir berühren
Dich nicht

Ins Feuer
die fühllose Haut

      1984/86

Fragen zu einem filmischen Christus

Nahm Jesus, der einen Aussätzigen heilte,
den Maskenbildner zu Hilfe?
Straffte der Mann die Wangen für Gage
Mundpartien dem fotogenen Effekt?

Verließen die Fischersöhne euphorisch die Netze?
Gelangweilt vom Wasser, erwogen
den zukunftsträchtigen Job?

Hämmert die mächtige Predigt
ein Studio-Stakkato des Zorns?
Brachte am Berg der Redner den Unterdrückten
die selige Ideologie für den Umsturz?
Zeigte, regie-ausgeleuchtet die Augen,
faltenlos die Nasenwurzel des Twen?

Stank in Jerusalem alles so mächtig?
Makabere Richter? Bezahlte Mörder?
Erbebt die Felsenstadt,
weil die Kamera wackelt?

Stand Er denn links,
wenn aber nicht rechts?
Aß Hammel und Ähren vom zinnernen Teller?
Rief Er nicht, rief Er nicht
schrecklich melodisch immer das Eine
durch alle Vokale?

1964

Jesus I

Dieses unerbittliche
Erkennen
schleifend
galiläische Köpfe
nicht gemildert
durch nächtliches Beten
sich wehrend gegen
verhärtet
angereiste Vernunft

gestern
heute
nicht in unserem
Gesangbuch

1983

Jesus II

1

DENKBAR daß Du
nicht im WHO is WHO
stündest

2

WAHRSCHEINLICH
sprächest Du nicht
auf einer Akademie

3

Sprächest nicht VOR ORT
als Präsident
der großen Firma

4

Verweigerst
INTERVIEWS
den Kamerajägern

5

SICHER
wärest Du
nicht versichert

6

Auf mehreren Ebenen
also
NICHT VORHANDEN

     1983

Jesus III

DU
Minderheit
von Anbeginn

Welcher FORT-
SCHRITT als

die Mehrheit
Dich zum Ihrigen
stilisierte

SEITHER
bist DU
zum Anführer
ihrer Reihen
zum Aufseher
ihrer Sätze
zum Boss
der Patrone
zum GOTT
ihrer Göttlichkeit
geworden

SODASS
die Papiere
die Sessel
die Zeitungen
die Kittel
die Konten
die Gewehre
unangetastet
blieben

Wer will
JESUS
zu seiner Minderheit
mindern

1983

Mehr oder minder Wappentiere

IHRE TIERE:
Adler, Doppeladler,
gekrönter Adler,
Löwe, Wolf, Hahn.

SEINE Tiere:
der Fisch, das Lamm,
die Taube, der Sperling –

zuletzt
losgebunden vom Pflock
ein Esel

Kirche

Nicht nur hoch
würdig

Sondern auch tief
schuldig

Dazwischen Stockwerke
Häuser
wo du nicht
frierst

Weit draußen Hütten
wo Arme teilen
dich anschauen und
sogar im Schweiß
ihres Angesichts singen

Für Dieter und Helga Vitt

Besuch in Deutschland

1

Mit Kreide porträtierte
den freundlichen Mann aus Rom
ein Maler auf das Pflaster
Fußgänger schauten
machten einen Bogen ums Gesicht
Andere traten
dem Mann auf Mund und Nase

Abstimmung
mit Füßen

2

Zwei Wermutbrüder
an der Ecke
warten auf den großen Bruder
Stumm heben beide
ihre Flasche
so früh am Morgen
Tränen in den Augen
Der im Gefährt gerührt
erwidert ihren Gruß

3

Demonstranten zeigen
„Jagt den Papst zum Teufel"
sprühen auf die heilige Wand in Köln
„Kirchen lieben wir brennend"

Anderntags vor Ort
Sankt Brictius
loht in Flammen

4

Bunt die Menge
im Müngersdorfer Stadion
Nur in der Kurve
hinter dem Altar
ein schwarzer Block

Die klatschen
das Sonnenlied ertönt
als erste zu den Rhythmen
der Freude des Bruders Franz
Die Nonnen
selig
wecken die Frauen
Kinder die Männer

5

Mit Margariten Tulpen
in aufgestreckten Händen
grüßen den Beter
die von Kevelaer
Da kniet er
Pilger unter Pilgern
vor der Geschlagenen Trösterin

Wer ruft sie nicht
die CONSOLATRIX NOSTRA
der katholischen Litanei
Noch kleiner

als im unteren Bayern Busmans
Liebe Frau von Luxembourg

Ob der Mann aus Krakau
die Marie des Juden Heine kennt
die vom Hellen christlichen Haufen
des Achalm-Protestanten HAP*

6

Auf Zeigetafeln
durch laute Sprecher
der unerschrockene
ZEUGE Rupert Mayer

Martialisch
der Lärm der Hubschrauberstaffel
mit Scheinwerfern blendend
am hellen VorMittag
Die Gläubigen klatschen

Glasgepanzert
von Showmastern erfunden
das Papamobil
Durchs Oval des Stadions winkend
der illustre Gast

Zusammengesetzt
der Auftritt   Gefühle
die Wörter

---

* Heinrich Heine: Die Wallfahrt nach Kevlaar; HAP Grieshaber: Fünf Farbholzschnitte der „Consolatrix nostra" im Besitz der Vatikanischen Museen. Reproduziert in: *Heinrich Heine/HAP Grieshaber:* Die Wallfahrt nach Kevlaar. Mit einem Nachwort von Fridolin Stier über die Kevelaerer Wallfahrt und das Gedicht. In Mappe. Verlag Butzon & Bercker, Kevelaer 1975.

7

Nicht nach den Kosten
fragen die armen Kirchen
in Freude daß Johannes
Paul sie durch sein Kommen stärkt

Er wärmt die Hungernden
Er feiert mit den Betern
Er teilt die Sorgen
sogar der Satten
spricht den Schöpfungs-
Losen ins Gewissen

Um ihre geizige Ehre rangeln
wie eh und je die Mächtigen
Noch immer strahlt
die alte Frau im Rollstuhl
von seiner Hand berührt

Für RM
Mai 1987

VII
Wer ist dein Gott

Johannes

Fastet
weil er wartet
Redet
weil er wartet
Tauft
weil er wartet

Widerspricht
weil er wartet
Verweist
weil er wartet
Verstummt
weil er wartet

Fragt
weil er wartet
Zürnt
weil er wartet
Ummauert
weil er wartet

    Über Stiegen
    Johannes
    Durch Mauern
    Johannes
    Auf den Block
    Johannes

    Das Warten
    des Johannes
    auf der Schüssel
    des Mädchens
    Ins Gästebuch
    des Genossen König

    Mittlere sechziger Jahre

Wer bist Du

Groß bist Du, Herr, und schwer.
Dein Antlitz wächst mit mir.
Hörst Du mein Rufen tief in die Wälder: Wer,
wer bist Du? Keines der Dinge gleicht Dir.

Bist Du der Alte von drüben?
Weidest Du Tiere im Sumpf?
Kaust Du Sauerampfer und Rüben?
O meine Zunge, die Augen sind stumpf.

Einmal kamst Du mir nahe.
Übergroß wuchs mein Traum.
Knüpfte als Segel Dich an die Rahe,
Wimpel warst Du mir, Strömung und Saum.

Aber die Nächte. Der Kran
vor der Brücke, die Wasser werden Phantom.
Schwarze Katzen umkreisen den Kahn.
Und langsam versinkt in Nebeln der Strom.

1955

Karmel

Schweigen, Brautschaft.
Verhüllender Schleier.
Aufstieg. Abstieg. Schritt um Schritt.
Wie ein Hirt kommt der Ölbergfreier
und nimmt die Lämmer mit.

Auf der Weide des Elends
blühen die Gräser finster –
„Ame donnée et âme envahie."
Steine, Dürre. Gegen stechenden Ginster
stößt das geschundene Knie.

Aufbricht der Abgrund.
Der Stürzende fällt
mitten hinein in den Quell.
Wasser – und ausgehungert, erlitten:
„Nostalgie du ciel."

1957

Vor der Tür

Verstoß mich nicht,
schick mich nicht fort,
wenn ich scharre, Hund vor der Tür.
Ich wusch mein Winseln, schrubbte die Zehen,
und die Zunge, Gerufener,
dürstet Dir.

Die Bänke ließ ich,
Abfallkörbe und -bilder zurück.
Weit draußen am Wasser strich ich entlang.
Nannten mich Köter. Die besseren Gäste
riefen mich Chang.
Ich suchte nur Dich.

Saß unter Riesenrädern zu Gast,
gefragt, geduldet,
und hungerte still.
Ich roch die Haut, umrannte den Mast.
Und filmte die kranken
Augen der Katzen.

Verstoß mich nicht,
schick mich nicht fort,
wenn ich scharre, Hund vor der Tür.
Ich wusch mein Winseln, schrubbte die Zehen,
und die Zunge, Gebeteter, Dir.

1959

Priez pour le pauvre Dieu

Alter Mann
wir decken dich zu mit Decken
wir decken dich ab mit Dielen
wir schließen dein Loch mit Platten
wir schaufeln dich unter mit drinks

Priez pour le pauvre Dieu

Alter Mann
du nährst uns nicht mehr
du lehrst uns nicht mehr
du stolperst über die Drähte
ungriffige Fabeln, dein Mark

Priez pour le pauvre Dieu

Alter Mann
wir ziehen deine Zähne mit Zangen
wir spulen deine Zunge auf Speichen
wir spülen die Becken
wir holen die Karren
wir fiebern dich aus

Priez pour le pauvre Dieu

Alter Mann
dich saugt die Luft aus Regalen
dich kratzt der Kamm aus den Poren
wir kennen uns aus mit Drogen
wir schicken dich einfach zurück
alter Mann
wir wissen zuviel
wir wissen

Priez pour le pauvre Dieu

1965

IN KATHOLISCHEN GEGENDEN
wiegt der katholische Gott
einige Pfund mehr
als der protestantische Gott

In protestantischen Gegenden
wiegt der protestantische Gott
einige Pfund mehr
als der katholische Gott

Wenn Er aber
nicht pfündig wäre?

Kein Hecht für den Teller
kein Hirsch für die Flinte
keine Kanonenkugel

nicht einmal Sein Buch oder
der Stein am Morgen vor
der hellen Höhle

1983

Wer ist dein Gott?

Wer ist dein Gott? –
Weiß ich es, wie?

Wer ist dein Gott?
Einer, der schrie.

Wer ist dein Gott?
Macht Er dich frei?

Eins und drei.
Drei ineins.

Ist Er gleich Sie,
hat Bauch und Mund?

Nicht *Sie,* nicht *Er,*
nicht *hat,* nicht *und.*

        1983

WENN ABER
der große Schöpfergeist
in die Körper fährt
und strahlende Kräfte
die Irdischen tragen
flügelleicht
wir die Gräser berühren
Blätter unvergiftet
die Zungen

wenn mit den jungen Wörtern
Schweigen sich eint

wenn der verheißene Geist
in die starren Glieder springt
und lichtleicht
verwandelt
gestraffte Haut flügelt

wenn im morgengeröteten Tal
sich umarmend
die Seelen erkennen

Wenn Sein
Auferstehung zeugendes Licht
schauend durch jeden
schöpfungsbewußten Samen atmet

Für Roland Litzenburger

1985

DER ERDE HAUCHTE
Ufer Flüsse
aus der Wüste
mit sanfter Stimme
Mann und Frau
nicht mit ausgestrecktem Finger
mehr als ein Freund ein Maler
den Garten zeigte
im morgengeröteten Tal
den unbegreifbar grünen BAUM

DER UNTER BÄUMEN SCHLIEF
mit Wüstenaugen
den Himmel Vater nannte
und später mit dem Lendentuch
ins Wasser stieg
das Lamm
am See der Fisch
der allgemeine Hungerbruder
zu greifen GREIFBAR

DER TAUBENFÜSSIG WIEDERKEHRTE
nach dem Schädelschrei
Der aus dem Wüstenwind den Horchern
die alten Worte
in die Ohren träufelt
lichtweiß in Augen flutet
lahme Zungen als ein Saitner rührt
und Baum und Fisch
und Wort und Lamm
sich Windgefährten GRIFFEN

Für Roland Litzenburger

1985

Ich seh im Frühling
Tulpen blühn
im Sommer rote Rosen
am Herbstahorn
die Blätter glühn
eh, scheidend,
sie im Nebel rosten

Ich seh ein weißes Feld
im Winter
gedehnt bis hin zum Wald
Drauf kann Er kommen
dem's gefällt
ewig Du
in Wind-Gestalt

    1986

Gespräche

1

Ja
sage ich
als der Lyriker
vor hemdblusigen Hörerinnen
seine Sätze wie eine Pusteblume
in den Saal blies
Du bist
das GEPÄCK

als die Frau
mit ihren jungen Sätzen
wie eine Löwin in den Saal sprang
der RUCKSACK bist Du
von Eltern ihrem
beutellosen Tier
auf den Rücken gebunden

mit Riemen
sag ich
der alte HUNGERSACK
der uns seit Zahnwehtagen
die Mahlzeit verspricht

2

Mit DRUCKSTELLEN unter
dem gebeutelten Rücken
bohre ich nachts
auf der Bank
schlaflos
nach Sätzen

satzlos
für DICH
für mich

3

DU BIST
nicht die Bucht
das Ufer
der Wolkenhimmel
den das kurzsichtige
Auge absucht

Die Verheißung
des Morgens
die den Geweckten begeistert
des Mittags Glut
mit dem Schatten Pans
Erleuchtung oder Erlahmung
kümmern DICH
abends nicht

4

VIELLEICHT
sage ich
vielleicht liegt
im Rucksack der Fallschirm
an hellen Schnüren
die Seide gefaltet
Reißleine rot
wenn's dich hinauf treibt
oder
senkrecht hinunter

Gegen die Wetterworte
die Winde
der Schirm
nach dem Schwindel
erregenden Fall

1987

VIII
Die Liebe ist ein Hemd aus Feuer
Pyrmonter Gesang

Ein Gedicht
ist ein Gedicht

ein Hemd oder
eine Wolke

wundertätig

nicht zu verhaften

I. Teil

1

Du warst da
Du bist gegangen
Soll ich wünschen
daß Du
nicht mehr bist?

Deine Augen
Deine Ohren
Aus welcher Schüssel Dein Lachen?
Welcher Brunnen
durch Deine Seele?
Welche ungeborenen Gebete?

Du Durchlässige

2

An welchen Fäden
hängen die Arme?
In welchem Hof
die Leiter?
Wo, wenn nicht gebettet,
das Erwachen das Lager?

Was bedeutet, Gestrählte,
wenn nichts vom Boden greifbar,
dieses Erbeben von Grund auf?

3

ER und die LIEBENDEN
haben kein Haus
Wo denn wohnen sie
über der Erde?
Unter der Erde?
Durch Wasser
beinlose Lüfte?

4

Es gibt kein Geheimnis
Kundschafter nicht
verbotene Stellen
weder inwändig
noch auf der Muschel
Nur Unfruchtbare und Fruchtbare
Zerreiben oder
Gebären zwischen den Steinen

5

Gefangen oder befreit
das bleibt die Frage
wenn das Licht sich verändert
Töne tauschen
Stellwände aus Buchstaben weichen

Was hörst Du?

Daß die Sinne sich schamlos öffnen?
Bindet oder
umarmt Dich ihr Atem?

6

Nicht in den Satz gefallen
Nicht in die Muschel
Kein Linnen zerrissen
nicht das Genähte
Ich habe Dich nicht geschlagen

Und DENNOCH

setzen sie Pfähle
tropft durch Nähte
Blut

7

Es gibt keinen Tisch
Wirst Du zum Mahle kommen?
Da spricht ER
hockt mit dem Schurz
und wäscht
die Füße von unten
bettelt die Seinen

Wissen wir, was wir tun?
Was uns heute geschieht?

8

„All is well
all manner of things"
Luft und was darunter
Wasser und was darüber
auch was im Berg
und Fische und Pfähle

Du hast mir
kein Unrecht getan

9

Betet Lüfte
für Euere Lufthütten und Samen
für die Vogeljungen   die fliegen lernen
für alles   was schwimmt
und für die Höhle am Ostermorgen
besonders für die Lämmer
Zuschauer   Schächter.

II. Teil

10

Meine Launen
sind in die Erdfälle gefahren
Tötet nicht Wetterfrösche noch Laich
Ich wünsche euch
einen sanften Tod

11

Deine Seite berührt
Deine Wirbel betastet   das Haar
den sanften Hals einer Katze
Wie eine Rose blüht
von Mund zu Mund
die Scham

Ich habe –
weh mir –
Deine Seele geschaut

Wesen gibt es
die durchscheinend strahlen

Wo ist ihr Wächter?

12

Zum Essen geboren
sag ich: Schön
glänzen die Äpfel   rot
Wirst Du sie reichen
die Zunge verweigern
mich fordern
zum strengen Gespräch?

13

Ich sitze vor dem Feuer
Bin ich die Magd?
Sein Knecht?
Dein Narr? Dein Junges?
Oder ein König?

In Deinem Garten
bin ich außer mir
Wundertätig aus Quellen
dampft die vulkanische Erde

14

Nicht schlafen
Mit Dir zu fasten
fährt der Bote ins Fleisch

Er darf
was ich nicht,
verletzen

15

Das tropft
    und tränkt
Das schwillt
    und fällt
Das wogt
    und sendet

Als wären unter der Erde
alle Wasser verbündet
Ich bin kein Eber
in euerem Garten
Laß mich
in Deiner Nähe atmen

16

„Die Liebe ist
ein Hemd aus Feuer"
Unnahbar brennen
in den Lüften die Wehrlosen

Nicht genug gelobt
die Reisenden
Nicht genug ihr Bild

Nicht genug, was herüber leuchtet und brennt
Nicht genug den roten Schein

17

Euere Füße lahmen
Euere Öfen schlacken
WÖRTER meine Wörter
Was ist Euch?
Wenn ihr mich verlaßt
hält mich nichts mehr zurück

Ich will zu den Lufthunden
Füchsin
Oder
wußtest Du es nicht?

18

So also KOMMST DU
So durch die Mauer
pelzig lichthäutig hündisch
Ich wußte   Du würdest mich finden

DU siehst uns errötet
draußen
und innen erglüht
Müssen wir wieder
zurück zu den Menschen?
Wo sie sich schämen   im ungelobten Land
und lauern
daß die Seele nicht sei?

GROSSER LEUCHTENDER
Sela Sela
sprich unsere Namen

nicht an der Füchsin
dem Lufthund vorbei.

III. Teil

Strophen zum "Pyrmonter Gesang"

1

Atmen
und nicht versinken
unter den Weiden
Von Ufer zu Ufer
weiter schwimmen im Fluß

Schwimmen über dem Haargrün
im durchsichtig Weißen
bis Bild und Baum
nicht mehr spiegeln
kein Vogel ruft

2

Im Namenlosen schweben
Ein Wesen werdend aus zwei
Umschlungen   schwimmend im Einen
nicht wissend
was es sei

Im Namenlosen sich lösen
Worte versinken   Zeit
Es sind die elysischen Paare
mit Wasser und mit Feuer
länger nicht im Streit

3

Laß uns die Erinnerung feiern
die Ode Unsterblichkeit
Zwischen Hundsrosen und Gräsern
die Wunde   das Wunder Zeit

Lieben   berührt zu werden
Ohne Maske   Gewand
Löse   unsterbliche Seele
diesen verhärteten Verstand

Trennungen überwinden
Worte umreigen den Reim
Durch Gärten   Seen   Lüfte
schwimmen die Seelen heim

4

Ströme
ströme   fließendes Licht
Durchdringe die nächtigen Gumpen
Das Wasser dürstet   die Seele nach dir
Die Fische zeugen Funken

Ströme Wasser   damit der See
nicht nach oben verdunste
Öffnet   Wolken   damit der Fluß
nicht nach unten vertrockne

5

(Imago horti Pyrmontis)
Schön wachsen die Wege
in dieser englischen Landschaft
öffnen Wiesen über Blumenbeete

ihre Schenkel zum Berg
Aus moordunklen Wiesen
quillt der Hyllige Born
und seine Schwestern   die Quellen
jungfräuliches Wasser

Hand selig in Hand
Im Bild des Gartens
unter Bäumen wandeln
den Geistern verwandt
zwischen Palmen und Rosen weiter

6

Es werden Tage kommen
da muß ich Dich
und mich verstoßen
Da schwitzen die Räder
Da rollen die Zungen
Da bleiben die Bäume unter sich

Auf Gestellen müssen
genötigte Kinder trauern
auf Tasten Pulte
abgerichtete Hände verstummen.

Benedictio

Er tritt hervor im Zeichen des Erregenden
Er wirkt im Zeichen des Sanften
Er läßt die Geschöpfe einander schauen im Zeichen
des Haftenden
Er macht sie dienen im Zeichen des Empfangenden
Er erfreut sie im Zeichen des Heitern
Er kämpft im Zeichen des Erschaffenden
Er vollendet im Zeichen des Stillhaltens

Alles   was erregt   sanft ist und haftet
alles   was heiter empfängt und schafft
alles   was auftut und hochzeitlich stillhält
ist Sein ewig fließendes Licht.

Bad Pyrmont,
in der Karwoche 1980

Der Titel des „Pyrmonter Gesanges" – „Die Liebe ist ein Hemd aus Feuer"
– entstammt der Verszeile des türkischen Dichters Nazim Hikmet.

IX
Griechisches Licht

Tempelbilder

Asklepiosheiligtum/Epidaurus

Die Halle des Heilenden
Schlafs. Hingelagert
Schweigende Kiefern

Poseidontempel/Kap Sunion

Immerwährender Wind
Kein Hauch des Alterns
Das Korn des Marmors liegt bloß

Apheiatempel/Ägina

Ehe die Säulen oben
die Grotte unten
Stein leuchtend dunkelnd

Nach Delphi

Unten uralt der
Ölwald von Chrissa
Baum für Baum blätternde Zeit

Windgedreht keltern
die Wurzeln, Stämme
Lebenssaft aus dem Bóden

Schritt vor Schritt durchs Tal
des Pleistos zum
Feuer der roten Felsen

Seidiger Himmel
noch immer über
dem vasengebräunten Hang

Vom Quell ins Berglicht
hochgebaut, heilig
die wortverheißende Stadt

Als schreite Christi Gestalt
mit Emmausschritten
in die Hochburg der Bilder

Nachsinnbar der Weg
Zauber, die Wandlung
Trauer des delphischen Gotts

Loutraki

Die lärmende Lust
zwei- und vierrädriger Buben
von keinem Motor gebremst

Radiotische Töne
aus offenen Türen
kurven irr durch die Luft

Lautlos darunter
die blaue Bucht
Durchsichtiges Wasser
über Kieseln. Draußen
tief gedunkelt

Fensterlos über Felsen
Pinien Agaven
heraisches Licht
verläßlich gebreitet

Varkiza

Fingrige Blätter
der Pappel, unterseitig
ins Licht gewendet

Vom Seewind gekämmt
harzige Kiefern
vor dem saronischen Blau

In den Muschelfels
lappen die Wellen
lecken ihn, rollen zurück

Abendstern über
den Buchten. Friede auch dem
lärmenden Flieger

Verläßlich schimmert
und milde der Mond
auf gedunkeltes Wasser

Sitzend am Ufer
nackt auf dem Fels. Die
uralte Gäa atmet

Vergessen trinken
Erinnerung saugen aus
dem Meeresnabel

Meteora

I

Thessalisches Licht
schirmt
die Felsentürme

Über der luftigen
Leiter
das schwarze Gewand

Metallen
ins Ohr
die Schläge der Glocke

Wer bleibt, *dem*
wachsen Ikonen-
augen

II

Hier
wird gestorben

Sie aber kommen
mit Bild in den Augen

die lüstern
Gelangweilten

III

Wohin
willst du fliehen
wo äugen die Leere

Auf welchen
geschrundeten Berg
flügellos fallen

Mit *wem*
preisen
das geharfte Licht

Kretisches Licht

Näher
den Quellen
den Bäumen
den Wurzeln
Feindlos Olive
und Bucht

Aber sterblich
auch *hier*
der vom Aufgang
berührte
burglose Mensch

Zerstörbar
Säulen
Gemächer
Mauern

Vergeblich
die Vorratskammer
der Toten

Verwundbar
die Schlange
der einstens
göttliche Stier

Du aber
baumlos
über den Bergen
Buchten

als wärest
Du
unverwundbar

Abend

Wasser blau durchsichtig auf
Stein. Eintauchen die
Arme in Wasser

Kupfern die Sonne
über der Bucht
Blicke äugen ins Weite

Jetzt katzenpfötig
die Stille der Nacht
in die wortmüde Seele

Abschied I

Die gemaserte
Einsamkeit des Kiesels rund
Das Meer hellt. Du mußt reisen

Abschied II

Einmal abstreifen
das Sperrige. Verwandlung
in glutweißes Licht

Abschied III

Wortlos anzünden
Tropfen des Wassers
Glutblaue Geburt ins Nichts

Spätsommer 1984

Ich suche das Wort
im Wind
Andenkend
bilde ich Wörter

Ich suche die Silbe
im Weidenblatt
Andenkend
forme ich Silben

Ich suche das Schweigen
am Bücherrand
Andenkend
buchstabiere ich Schweigen

>   Wenn mich das Wort sucht
>   die Silbe findet
>   Schweigen eint
>   ist ES gekommen

1986

Nachbemerkung

Gedichte aus vier Jahrzehnten: Erfahrungen, Erkundungen, Suchbewegungen und Stellungnahme in Versen; Einkreisungen auch des undeutlichen Ich und Weiterungen, Gespräche in mehreren Richtungen.
Vor 1962 geschriebene Texte erschienen in den Versbänden „*Denn Er ist da*. Verse zu Advent und Weihnacht" (1963) und „*Wer bist Du?* Verse des Anfangs" (1964, beide im Ehrenwirth Verlag, München). Sie wurden in klösterlicher Abgeschiedenheit geschrieben, ohne Kontakt zur Sprache, zur zeitgenössischen Lyrik. Die Sperre lockerte sich durch das Literaturstudium in München (1958–64). Das Gedicht „Die Worte, die ich spreche" zeigt den veränderten formalen Ausdruck. Ein Teil der später geschriebenen Gedichte wurde in Zeitschriften, Zeitungen, in Anthologien, im Funk veröffentlicht. Der Pyrmonter Gesang „*Die Liebe ist ein Hemd aus Feuer*" erschien mit farbigen Holzschnitten von HAP Grieshaber bibliophil in Freiburg (F. H. Kerle Verlag, 1981). Der Zyklus „*Griechisches Licht*" wurde im Verlag zum Halben Bogen (Bovenden 1985) erstveröffentlicht. „Sie denken Raketen" und „Anfrage an die christlichen Ränge" wurden bei den Friedenstagen der Evangelischen Akademie Tutzing (1983) gelesen. „Was aber bleibt" wurde geschrieben ein Jahr nach Tschernobyl.
Die Gliederung dieser Gedicht-Auswahl zeigt Themengruppen, die sich mit den Jahren kristallisierten, fortsetzten. Manchen Menschen erscheinen geistliche Verse suspekt, manchen geistlichen Menschen weltliche Verse. Der Autor wählt nur bedingt Thema und Ton. Jeder Weg der Wahrnehmung ist auch ein Weg der Sprache. Gedichte wollen erkennen.
Hörend und lesend begegnen sich im Gedicht Gleichgesinnte. Manchmal gelingt dem Provozierten die Provokation. Sie sprengt Einverständnisse. Sie öffnet Grenzen. Sie zieht den Festgefahrenen ins Offene. – Gedichte antworten. Gedichte atmen. Gedichte denunzieren den falschen Anspruch. Gedichte suchen die Botschaft der Wesen. Sie verringern um ein weniges unsere Fremde: Silben eines unendlichen Gesprächs.